글·안드레아스 셰른샤우겐

대왕고래

세상에서 가장 큰 동물에 관한 놀라운 이야기

그림·리네 렌슬레브로텐 옮김·이정모 감수·장수진

여유당

글 안드레아스 셰른샤우겐
오슬로 대학에서 사회학을 공부한 뒤 기후 연구 분야에서 여러 해 일했어요. 지금은 노르웨이 대백과사전 편집자로 일하며 논픽션 작가로 활동합니다. 『정원의 곤충』, 『작은 새의 비밀스러운 삶』, 『여우—야생동물의 초상화』 등을 지었고, 『대왕고래』는 2020년 노르웨이 도서상 지식 그림책 부문 최종 후보, 2021년 올해의 가장 아름다운 책(어린이 논픽션 부문) 상을 받았어요. 우리나라에 처음 소개하는 작가로, 오슬로피오르의 작은 마을 네소덴에서 가족, 개, 닭 두 마리와 함께 살고 있습니다.

그림 리네 렌슬레브로텐
노르웨이 비켄에서 태어나 디자인을 공부한 뒤 어린이를 위한 논픽션을 쓰고 그림을 그립니다. 자연과 환경에 관심이 많고 어린이·청소년들과 소통하는 걸 좋아해요. 휴식이 필요할 때는 폴리머클레이로 점토 괴물이나 트롤 등 멋진 동물을 만들죠. 노르웨이 헤게달에서 남편과 두 아이와 함께 살고 있습니다.

옮김 이정모
연세대학교에서 생화학을 공부한 뒤 서대문자연사박물관, 서울시립과학관, 국립과천과학관 관장으로 일했어요. 2019년 과학의 대중화에 기여한 공로로 과학기술훈장 진보장을 받았어요. 『과학이 가르쳐준 것들』, 『저도 과학은 어렵습니다만』, 『공생 멸종 진화』 등을 지었고, 『고래가 그물에 걸렸어요』, 『어둠 속에서 빛나는 생물들』, 『매드 사이언스 북』 등 여러 책을 우리말로 옮겼습니다.

감수 장수진
이화여자대학교에서 남방큰돌고래 행동생태 연구로 박사학위를 받았어요. 남방큰돌고래를 연구하던 김미연 연구원과 해양동물생태보전연구소 MARC를 만들어 해양 포유류 연구와 보전 활동을 이어 가고 있어요. 돌고래가 있는 바다가 그렇지 않은 바다보다 멋지고 아름답다고 굳게 믿고 있으며 오래오래 연구할 수 있기를 꿈꿉니다. 쓴 책에 『저듸, 곰새기』, 『마린 걸스』(김미연 공저) 등이 있습니다.

아름다운 지식 02

대왕고래
세상에서 가장 큰 동물에 관한 놀라운 이야기

1판 1쇄 펴낸날 2023년 9월 25일 | **1판 2쇄 펴낸날** 2024년 5월 20일
글 안드레아스 셰른샤우겐 | **그림** 리네 렌슬레브로텐 | **옮김** 이정모 | **감수** 장수진
편집 최영옥 | **디자인** 조은화 | **펴낸이** 조영준 | **펴낸곳** 여유당출판사 | **출판등록** 제2021-000090호 | **주소** 경기도 고양시 일산동구 호수로 662, 삼성라끄빌 1322호
전화 02-326-2345 | **전송** 02-6280-4563 | **전자우편** yybooks@hanmail.net | **블로그** http://blog.naver.com/yeoyoubooks | **인스타그램** www.instagram.com/yeoyoudang

ISBN 979-11-983392-1-8 74080
　　　978-89-92351-01-0 (세트)

Blåhvalen— Den utrolige historien om det største dyret som noen gang har levd
by Andreas Tjernshaugen, illustrated by Line Renslebråen
© Andreas Tjernshaugen and Line Renslebråten
First published by Kagge Forlag, 2020
Korean Translation © 2023 Yeoyoudang Publishing Co.
All rights reserved.
The Korean language edition published by arrangement with Oslo Literary Agency
through MOMO Agency, Seoul.
이 책의 한국어판 저작권은 모모 에이전시를 통한 Oslo Literary Agency 와의 독점 계약으로 여유당출판사에 있습니다.
저작권법에 의해 한국 내에서 보호를 받는 저작물이므로 무단전재와 무단복제를 금합니다.
책값은 뒤표지에 있습니다. 잘못된 책은 구입하신 서점에서 바꾸어 드립니다.

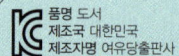

차례

거대한 바다 동물 7

태어날 때부터 7미터 9

숨을 내쉬고, 숨을 들이쉬고 13   젖 14   어른 대왕고래의 먹이 16   깊은 바다에서 사냥하기 19
대왕고래는 어떻게 물만 뱉어 낼까? 20   돌고래 23   화산과 여러 종류의 고래 25
기다리고 기다리는 과학자들 26   대왕고래는 푸른색? 28   참치! 그런데 깡통에 들어 있지 않아 31

고래가 바다 생물이 되기까지 33

땅에서 물로 36   화석 38   크고 새로운 41   거대한 고래 43

하마터면 멸종할 뻔한 대왕고래 45

대포와 수류탄 48   육지의 공장 50   남극해 53
공모선 55   대왕고래 사냥을 놔둬야 하나요? 56

이제는 혼자서 59

헤어져 혼자 길을 가다 63   아야! 64   자유! 67   헤엄 경주 68   남쪽으로 71

대왕고래에 관한 모든 것 73

고래 세계기록? 대왕고래 vs 나머지 고래 74   대왕고래가 궁금해? 76
대왕고래가 아직도 궁금해? 78   그래도 대왕고래가 궁금한 게 남았어? 80
우리의 친척 대왕고래 82   어디? 84   이 책에 실린 내용은 모두 사실인가요? 86

거대한 바다 동물

이 책은 세상에서 가장 큰 동물인 대왕고래에 관한 이야기입니다. 물론 그게 전부가 아니죠. 대왕고래는 지금껏 지구에 살았던 모든 동물을 통틀어서도 가장 큰 동물입니다. 그 어떤 공룡도 대왕고래보다는 작았습니다. 그래요, 맞아요! 코끝에서 꼬리 끝까지 재면 대왕고래보다 큰 공룡도 있긴 있었어요. 하지만 이런 공룡들은 목이 매우 가늘고 길었으며, 그들의 꼬리는 더더욱 가늘고 길었을 뿐입니다. 대왕고래는 이들보다 훨씬 덩치가 크고 무겁습니다.

지금까지 존재한 모든 동물 가운데 가장 큰 동물과 같은 시대에 살고 있다니, 우리는 정말 운이 좋군요. 그렇다면 이 거대한 동물에 대해 조금 더 알아야 하지 않을까요? 그래서 내가 이 책을 썼답니다. 책장을 두 장만 넘기면 우리는 새끼 대왕고래와 어미 대왕고래를 만날 수 있어요. 어미는 몸길이가 27미터나 됩니다. 이건 유럽 도로에서 볼 수 있는 가장 긴 트럭과 맞먹어요. 그리고 무게가 엄청나죠. 만약에 어미가 트럭이라면, 경찰은 트럭을 멈춰 세우고 짐을 많이 실었다고 하며 더 이상 달리지 못하게 막을 겁니다. 갓 태어난 새끼는 머리끝에서 꼬리 끝까지의 길이가 이미 어른 네 사람의 키만큼 길거든요.

이렇게 큰 동물의 삶은 어떨까요? 간단히 말하기는 어렵습니다. 대왕고래도 먹고, 숨 쉬고, 또 위험한 일이 생기지 않을까 걱정하며 조심해야 합니다. 어떻게 보면 우리 삶과 다를 게 없지요. 그런데 대왕고래는 우리가 볼 수 없는, 육지에서 아주 멀리 떨어진 곳에서 헤엄치고 깊은 바다 속으로 사라지기 때문에 아직 우리가 모르는 게 정말 많습니다. 그렇지만 과학자들은 바다의 이 신비하고 거대한 동물에 대해 많은 것을 알아냈습니다.

이제 물속으로 들어와서 같이 살펴보아요!

안드레아스 세른샤우겐

태어날 때부터 기타

몇 시간 전에 대왕고래 새끼가 태어났습니다. 그런데 벌써 몸길이가 7미터나 되네요.
이 거대한 새끼가 홀로 남게 된다면 굶어 죽거나 상어의 먹이가 되고 말겠죠.
하지만 새끼는 운이 좋습니다. 어미가 돌봐 주거든요.
어미는 새끼를 안전하게 보살피면서 바다 표면으로 떠올라서 숨을 쉬도록 도와줍니다.
갓 태어난 새끼가 세상을 둘러봅니다.
새끼에게는 모든 것이 처음입니다. 소리, 빛 그리고 바닷물 맛······.

숨을 내쉬고, 숨을 들이쉬고

어미 대왕고래가 바다 위로 올라와 숨을 내쉴 때면 엄청나게 큰 소리가 나면서 구름 같은 분수가 솟구칩니다. 하늘을 향해 수직으로 내뿜는 공기 속에는 아주 작은 물방울들이 가득합니다. 구름은 10미터나 올라가서 바람이 쓸고 지나갈 때까지 남아 있죠.

엄마 옆에 꼭 붙어 다니는 새끼도 작은 소리를 냅니다. 그리고 작은 구름을 만들지요.

대왕고래는 머리 꼭대기에 있는 구멍 두 개로 숨을 쉽니다. 그 숨구멍 앞에는 마치 코처럼 생긴 게 있는데 앞뒤가 바뀌었어요. 콧구멍이 뒤쪽에 있고 콧등이 앞에 있죠. 그래서 고래가 헤엄칠 때 숨구멍이 물보라에 다치지 않습니다.

맞아요. 머리 위에 있는 숨구멍은 진짜 대왕고래의 콧구멍입니다. 하지만 꽉 닫을 수도 있어서 헤엄칠 때 물이 그 안으로 들어가지 않지요. 대왕고래 새끼와 어미의 머리가 다시 물속에 들어가면 숨구멍은 가는 틈처럼 보입니다.

고래는 허파로 공기를 들이쉬고 내쉽니다. 우리처럼 말이죠. 그런데 우리보다 숨을 훨씬 더 오래 참을 수 있습니다. 그래서 어미 대왕고래는 마음만 먹으면 한 시간 반까지도 물속에 머물 수 있답니다.

고래가 들이쉬는 공기는 꽤 따뜻합니다. 그들이 헤엄치는 물도 맑고 따뜻합니다. 대왕고래 어미가 새끼를 낳기 위해 멀리 남쪽으로 왔거든요. 이곳은 절대로 추워지지 않는 곳이죠. 파도는 밝은 파란색입니다. 그들은 카나리아 제도 남쪽 멀리 탁 트인 대서양 어딘가에 있습니다. 사방을 둘러봐도 육지의 흔적은 보이지 않습니다. 하지만 때때로 바람이 모래 알갱이를 가져옵니다. 세계에서 가장 큰 사막인 사하라에서 불어온 거죠.

몇 주 뒤, 어미 대왕고래와 새끼는 북쪽의 추운 바다를 향해 긴 여행을 떠날 것입니다. 지금 북쪽 바다는 겨울이지만 여름이 되면 먹을 게 더 많기 때문이죠.

젖

우리가 아기일 때 그랬던 것처럼 대왕고래 새끼도 어미에게서 나오는 젖을 먹습니다. 어미에게는 두 개의 젖샘이 있는데, 이것들은 몸 아래쪽에 있는 틈새에 숨겨져 있습니다. 새끼는 젖을 먹기 위해 그곳으로 헤엄쳐 가죠. 대왕고래 젖은 요거트처럼 걸쭉합니다. 크림보다 지방이 많이 들어 있기 때문이죠. 새끼는 젖을 하루에 약 200리터씩 먹습니다. 냉장고에 들어 있는 1리터짜리 우유갑 200개를 상상해 보세요. 새끼가 얼마나 많이 먹는지 알 수 있겠지요?

대왕고래 새끼가 늘 배고파하는 건 당연한 일입니다. 하루에 약 4센티미터씩 자라거든요. 새끼는 반년이 지나면 바다에서 혼자 살아남을 수 있을 정도로 커져야 합니다.

어른 대왕고래의 먹이

새끼 대왕고래는 매일매일 커집니다. 동시에 어미는 점점 더 홀쭉해지죠. 어미 몸을 둘러싸고 있는 피부 바로 아래에는 고래지방이라고 하는 두툼한 지방층이 있습니다. 어미의 몸은 지금 이 고래지방으로 새끼가 먹을 젖을 만들고 있죠.

어미는 배가 고픕니다. 그래서 어른 대왕고래 먹이인 크릴을 찾습니다. 새우처럼 보이는 작은 바다 생물이지요. 어미에게는 수십만 마리의 거대한 크릴 떼가 필요합니다.

어미는 전에 크릴을 발견했던 곳으로 헤엄칩니다. 새끼는 어미 옆에 바짝 붙어 있죠. 대왕고래에게는 손이 없습니다. 그래서 어미가 헤엄치면서 새끼를 잡고 있을 수 없죠. 하지만 새끼는 어미 등에 올라타고 있는 것처럼 보입니다. 어미가 헤엄치면서 물결을 일으켜 새끼가 그 물결을 따라 움직이게 하기 때문입니다.

어미와 새끼는 크릴 천지인 바다에 도착합니다. 크릴은 마치 유리로 만들어진 것처럼 몸이 투명하고 빨간 점이 몇 개 있습니다. 크릴은 겁을 먹거나 흥분하면 몸이 더 붉어지죠.

햇볕이 쪼이는 동안 크릴 떼는 바다 깊은 곳의 어둠 속에 머뭅니다. 그들을 먹고 싶어 하는 새와 물고기 그리고 다른 동물들을 피해 숨는 거죠. 하지만 크릴에겐 어둠 속에서도 서로 볼 수 있는 속임수가 있습니다. 몸에서 희미한 빛이 나거든요. 깊은 바다에서 크릴은 푸른빛을 반짝이며 신호를 보내 빽빽하게 떼를 이룹니다. 떼를 짓고 있으면 새나 물고기가 잡아먹기 어렵지요. 하지만 대왕고래가 나타나면 빽빽하게 떼를 짓는 건 크릴에게는 최악의 선택입니다.

깊은 바다에서 사냥하기

어미 대왕고래가 숨을 들이쉽니다. 머리를 아래쪽으로 향하고 꼬리를 공중으로 들어 올린 뒤 바닷속으로 가라앉은 다음 더 깊은 곳으로 헤엄칩니다. 그러다 크릴 떼를 발견하면 꼬리를 세게 치면서 속도를 올립니다. 크릴 떼가 눈치채고 도망치기 전에 도착해야 하거든요.

크릴 떼에 도착한 어미는 할 수 있는 한 가장 크게 입을 벌립니다. 턱을 크게 벌리면 대왕고래는 속도를 거의 멈출 정도로 줄이면서 동시에 기다란 몸 모양을 바꿉니다. 대왕고래는 주둥이 끝에서 배꼽까지 이르는 머리와 상체에 기다란 줄무늬 홈이 있는데, 이 홈은 부드러운 물질로 되어 있어서 더 늘릴 수 있죠. 이때 바닷물과 크릴이 활짝 벌린 대왕고래 입으로 쏟아져 들어옵니다. 대왕고래 배는 줄무늬 풍선처럼 늘어나서 커집니다. 대왕고래는 얼른 입을 다뭅니다. 그러면 대왕고래는 잠깐 동안 먹이를 너무 많이 먹은 올챙이처럼 보입니다.

대왕고래는 어떻게 물만 뱉어 낼까요?

불쌍한 크릴 수십만 마리가 어미 대왕고래의 배 풍선에 갇혔습니다. 대왕고래는 무척 행복합니다. 하지만 크릴에게는 매우 불행한 순간이죠.

대왕고래는 크릴과 함께 작은 수영장을 채울 만큼 물을 많이 들이켰습니다. 어떻게 하면 크릴은 입에 두고 물만 뱉어 낼 수 있을까요? 다행히도 대왕고래는 필요한 모든 장치를 입 안에 갖추고 있습니다. 대왕고래에게는 이빨 대신 고래수염이 있는데, 이게 체처럼 크릴을 걸러 줍니다. (고래수염에 대해서는 78쪽을 봐요.)

대왕고래는 입을 살짝 벌린 채로 고래수염 사이로 바닷물을 모두 뱉어 냅니다. 불쌍한 크릴은 고래수염에 갇히게 되죠. 물을 모두 뱉어 낸 대왕고래는 크릴을 삼킵니다. 바다 동물이 수십만 마리 줄어드는 순간입니다.

어미는 크릴을 사냥해서 먹지만 새끼는 젖이 나오길 기다려야 합니다. 새끼는 아직 크릴을 먹을 준비가 되어 있지 않습니다. 아직도 고래수염이 다 자라지 않았거든요.

돌고래

어느 날 새끼 대왕고래가 돌고래를 처음 만났습니다. 돌고래는 놀기 좋아하고 호기심이 많습니다. 돌고래들이 대왕고래를 보러 와서 한참 동안이나 함께 수영하고 쉬지 않고 파도를 탑니다.

돌고래와 대왕고래는 많이 닮았습니다. 모든 고래와 돌고래는 고래목이라고 하는 그룹에 속하는 비슷한 동물이죠. 그런데 돌고래 입에는 대왕고래에게는 없는 게 있습니다. 바로 이빨입니다. 그리고 머리 꼭대기의 숨구멍이 하나뿐입니다.

돌고래처럼 이빨이 있고 숨구멍이 하나뿐인 고래를 이빨고래라고 합니다. 그리고 대왕고래처럼 고래수염이 있고 숨구멍이 두 개인 고래를 수염고래라고 하지요.

물속에서는 돌고래가 내는 휘파람 소리와 딸깍거리는 소리가 들립니다. 이빨고래에게는 반향정위라는 특별한 감각이 있습니다. 우리가 큰 소리로 외치면 벽이나 산에 부딪혀서 되돌아오는 메아리를 듣는 것처럼, 돌고래도 자기가 낸 소리의 메아리를 듣습니다. 메아리는 주변에 바위와 배 같은 장애물이나 먹이가 있는지를 알려 주지요. 덕분에 돌고래는 물고기와 오징어를 찾아서 이빨로 잡을 수 있답니다.

혹등고래

특이한 수염고래입니다. 물에서 뛰어오르는 걸 좋아하고 다시 물에 빠졌을 때 엄청나게 많은 물을 튀깁니다.

화산과 여러 종류의 고래

대왕고래 새끼와 어미가 아조레스 제도에 도착했습니다. 이곳의 섬들은 각각 바다에서 솟아오른 오래된 화산입니다. 아직도 일부 섬에서는 용암이 분출되고 있죠. 섬 주변에는 수면에 닿지 않은 단순한 화산인 수중 산들이 있습니다.

여기에는 여러 종류의 고래가 있습니다. 새끼 대왕고래는 다른 고래들이 어떻게 생겼고 또 어떤 소리를 내는지 배웁니다.

참고래

흑등고래보다 큰 수염고래입니다. 대왕고래와 닮았지만 색이 더 진하고, 대왕고래보다는 작지만 25미터 이상 자라는 매우 큰 고래입니다.

향고래

세계에서 가장 큰 이빨고래입니다. 오징어와 물고기를 먹습니다.

기다리고 기다리는 과학자들

대왕고래 새끼와 어미가 아조레스 제도에 올 무렵이면 거기에는 고래가 도착하기를 기다리는 사람들이 있습니다. 작은 모터보트를 탄 과학자들입니다. 대왕고래를 보려고 온 것이죠. 모두 보트에서 일어나 대왕고래를 찾고 있습니다. 이 사람들은 참을성이 없습니다. 보트는 육지에서 멀리 떨어진 큰 파도 위에서 출렁입니다. "우리 바로 아래에는 수중 산이 있습니다." 과학자들이 말합니다. "이곳의 바닷물은 초록색이에요. 아주 좋은 징조입니다."

바다 밑바닥에서 솟아오른 바닷속 화산들은 해류의 흐름을 가로막는 장애물을 만듭니다. 해류가 막히면서 생긴 소용돌이가 영양분을 바다 깊은 곳에서부터 햇빛이 비치는 바다 표면으로 끌어올립니다. 영양분과 햇빛은 아주 작은 초록색 식물 같은 생명체가 바다에서 자라게 만들죠.

이 초록색 생명체는 식물성 플랑크톤입니다. 식물성 플랑크톤은 바다에서 떠다니며 사는 아주 작은 녹색 식물입니다. 식물성 플랑크톤은 크릴의 먹이가 됩니다. 크릴은 세상에서 가장 큰 동물의 먹이가 되고요.

"고래다!" 한 과학자가 외칩니다. 그는 저 멀리 수평선에서 고래가 숨을 내쉴 때 솟아나는 높은 구름을 봤습니다. 모두 자리에 앉자 선장이 강력한 모터를 켭니다. 배가 파르르 떨립니다. 아주 빠른 속력으로 파도를 가로지르기 때문이죠. 하지만 가까이 다가간 다음에는 속도를 늦춥니다. 대왕고래가 놀라면 안 되니까요. 이제 그들은 모터를 완전히 끄고 고래가 숨 쉬러 올라오기를 기다립니다.

대왕고래는 푸른색?

과학자들이 대왕고래 어미와 새끼를 발견했습니다. 어린 고래를 보면 조금 더 크게 환호합니다. 대왕고래는 희귀한 동물이어서 새끼가 새로 태어났다는 것은 아주 좋은 소식이죠.

대왕고래 두 마리가 숨을 쉬러 올라올 때면 고래 몸이 서로 다른 회색빛 얼룩으로 덮여 있다는 걸 알 수 있습니다.

"대왕고래가 정말로 파란색은 아니네요." 대왕고래를 처음 본 과학자가 말합니다. (서양에서는 대왕고래를 푸른고래라고 하거든요.—옮긴이) "대왕고래 피부는 회색이지만 물속에서는 파란색으로 보일 때도 있어요."

과학자들은 어미와 새끼 고래 사진을 찍습니다. 다음에 다시 알아보기 위해서죠. 대왕고래마다 등에 있는 얼룩무늬가 다 다르거든요. 이렇게 찍은 얼룩무늬 사진으로 전에 봤던 고래인지 아닌지 확인하는 데 사용합니다. 경찰이 지문으로 범인을 찾는 것과 비슷한 방법이죠.

고래가 헤엄쳐 갑니다. 과학자들은 따라가지 않기로 합니다. 어미와 새끼에게 평화와 고요함을 주고 싶어서죠. "곧 고래들은 더 북쪽으로 갈 겁니다." 배에서 한 과학자가 말합니다. "지금 봄에는 여기에 크릴이 가장 많아요. 나중에 여름이 되면 북극 쪽 차가운 바다에 크릴이 더 많죠."

참치! 그런데 깡통에 들어 있지 않아

아조레스 제도에서 헤엄쳐 떠난 대왕고래 새끼와 어미는 참다랑어 떼를 만납니다. 커다랗고 은빛이 나며 매우 빠른 속력으로 헤엄치는 물고기죠. 인간의 식량이 되는 참치 종류 가운데 하나입니다.

참다랑어는 사람 어른보다 키가 크고 무겁습니다. 하지만 대왕고래에 비하면 여전히 작죠. 새끼 대왕고래에게 호기심이 생겼습니다. 빠른 참다랑어를 쫓고 싶어졌죠. 하지만 어미는 새끼가 자신에게서 떨어지는 걸 원하지 않습니다. 참다랑어 같은 물고기가 고래와 같이 있는 장면을 본다면 이런 상황이라고 생각하면 됩니다.

참다랑어와 고래의 몸은 물속에서 미끄러지기 쉽게 생겼습니다. 팔과 다리 대신에 지느러미로 물을 헤쳐 나갈 수 있고, 꼬리지느러미를 펄럭여서 앞으로 나아가죠. 그런데 고래는 물고기가 아닙니다. 고래와 참다랑어를 보면 차이점을 발견할 수 있습니다.

예를 들어 참다랑어와 고래는 헤엄치는 방법이 다릅니다. 물고기는 꼬리지느러미를 양옆으로 펄럭입니다. 하지만 고래는 꼬리지느러미를 위아래로 펄럭이죠.

숨 쉬는 방법도 완전히 다릅니다. 고래는 허파가 있고 공기를 들이쉽니다. 우리와 거의 비슷하죠. 하지만 물고기에게는 아가미가 있습니다. 아가미는 물고기 눈 뒤쪽에 판처럼 생긴 아가미 덮개로 가려져 있습니다. 아가미는 모든 동물에게 필요한 산소를 물에서 헤엄치는 물고기 안으로 끌어 옵니다.

고래는 물고기가 아니라 포유동물, 즉 개, 고양이, 생쥐, 말, 사람 그리고 털이 있는 다른 동물처럼 어릴 때 어미젖을 먹고 자라는 젖먹이동물입니다. 실제로 잘 보이지 않지만 대왕고래에게도 털이 있습니다. 머리 위에 작은 수염이 있는데, 이걸로 어둠 속에서 길을 찾을 수 있죠.

그런데 고래가 어떻게 물고기처럼 보이는 거대한 바다 생물이 되었는지 궁금하지 않나요? 헤엄을 좋아하는 네 발 달린 포유류에서 시작하는 긴 이야기가 있습니다. 무슨 일이 일어났는지 알기 위해 우리는 이제 수천만 년 전으로 여행을 떠날 겁니다. 그래서 지금 새끼 대왕고래와 어미에게 작별 인사를 해야 해요. 그리고 책 끄트머리에서 다시 만날 겁니다.

고래가 바다 생물이 되기까지

옛날에 아직 네 발로 땅 위에서 걸을 수 있는 고래들이 있었습니다. 그 가운데 하나가 여기에 있는 파키세투스입니다. 파키스탄 고래라는 뜻이죠. 오늘날 파키스탄이라는 나라에 살았던 동물입니다.

파키세투스의 몸집은 큰 개만 했지만 주둥이와 꼬리는 개보다 더 길었습니다. 이빨이 날카로운 걸 보니 물고기나 다른 동물을 잡아먹는 사냥꾼이었던 것 같습니다. 파키세투스의 서식지, 그러니까 살았던 곳은 호수와 강 속이나 물가였습니다. 파키세투스는 아마도 헤엄칠 수는 있었을 거예요. 하지만 썩 잘하지는 못해서 물을 헤치면서 걸어다녔을 겁니다.

눈은 머리 위쪽으로 많이 올라와 있었습니다. 이걸로 보아 파키세투스는 자기 몸이 거의 잠기는 깊이까지 들어가서 눈만 물 위에 내놓은 채 서 있기를 좋아했던 것 같습니다. 마치 하마나 악어처럼 말이죠.

파키세투스는 대략 4,900만 년 전에 살았습니다. 대재앙으로 거대한 공룡이 멸종하고 한참 뒤였지요. 하지만 사람이 등장하려면 수천만 년이 남은 때였습니다.

땅에서 물로

고래는 땅에서 사는 생물에서 물에서 사는 생물로 변했습니다. 물에서 시간을 보내기 시작했기 때문이지요. 어쩌면 자기를 잡아먹으려는 사냥꾼 동물로부터 몸을 숨기고 싶었기 때문일지도 모릅니다. 아니면 물에서 먹이를 찾았기 때문일 수도 있겠죠. 아무튼 이들은 물속에서 사는 생활에 적응했습니다. 이런 일이 어떻게 일어났는지 알려 주는 멸종한 고래들을 소개합니다.

파키세투스
약 4,900만 년 전

파키세투스는 물에서 많은 시간을 보냈지만 육상 동물과 많이 닮았습니다.

암블로세투스
약 4,800만 년 전

이 고래는 아마도 파키세투스보다 헤엄을 훨씬 더 잘 쳤을 겁니다. 과학자들은 암블로세투스의 긴 발가락 사이에 물갈퀴가 있었을 거라고 생각합니다. 마치 오리, 개구리, 수달처럼 말이죠. 하지만 땅에서 걸을 수도 있었습니다. 암블로세투스란 이름은 걷는 고래라는 뜻입니다.

도루돈
약 4,000만 년 전

도루돈은 제대로 된 바다 생물이었습니다.
평생을 바다에서 보냈죠.
몸 뒤쪽에 작은 뒷다리가 있지만 걷는 데는
쓸모가 없었습니다. 도루돈은 오늘날의 고래와
아주 비슷하게 꼬리를 펄럭거리며 헤엄쳤습니다.

잔주세투스
약 2,500만 년 전

도루돈보다 한참 뒤에 살았던 생물입니다.
우리 시대의 고래와 훨씬 닮았죠. 잔주세투스는
수염 대신 날카로운 이빨이 있지만 이빨고래보다는
수염고래에 더 가까운 동물입니다.

화석

과학자들이 바다에서 멀리 떨어진 사막에서 화석을 발견했습니다. 그런데 그들이 찾은 화석은 바다 생명체의 잔해였습니다.

이 사막이 아주 오래전에는 바다였던 거죠. 고래가 죽어서 바다 바닥에 가라앉고, 뼈가 진흙으로 덮여서 그 모양이 지금까지 보존된 것입니다. 수백만 년에 걸쳐서 지구 표면이 변하면서 아주 오래전에 바다 바닥이었던 곳이 해수면보다 높이 솟아오른 것입니다.

"조심해!" 경험 많은 과학자가 새내기에게 말합니다. 고래 뼈 주위에 있던 진흙이 단단한 돌이 되었습니다. 그래서 화석을 부서뜨리지 않고 뜯어내는 것은 힘든 일이죠.

우리는 이런 화석 덕분에 과거에 살았던 고래가 대략 어떻게 생겼는지 알 수 있습니다. 그런데 죽은 고래는 뼈와 이빨만 화석으로 보존됩니다. 피부와 살은 물고기나 다른 생물들이 얼른 먹어 버렸으니까요. 그래서 멸종된 고래의 겉모습이 어떻게 생겼는지는 아무도 정확하게 알 수 없습니다. 우리가 앞에서 본 겉모습을 그려내기 위해서는 궁리를 많이 해야 합니다.

크고 새로운

런던자연사박물관에서 관람객들은 모두 고개를 뒤로 젖히고 천장을 올려다봅니다. 이곳에 전시된 가장 큰 골격을 보기 위해서죠. 그런데 이 골격은 화석이 아닙니다. 해변에서 죽은 채 발견된 대왕고래에서 나온 것이죠.

박물관에는 오래된 화석이 많이 있지만 대왕고래만큼 커다란 골격은 없습니다. 공룡도, 멸종한 고래도 대왕고래와는 비교가 안 되죠.

고래 과학자들은 이게 아주 궁금했습니다. 대왕고래는 왜 이렇게 클까요? 지난 300~400만 년 전에 바다에 무슨 새로운 일이 일어난 게 분명합니다. 그때 대왕고래 몸집이 아주 커졌거든요. 이뿐만이 아닙니다. 다른 여러 고래 종들도 동시에 더 커졌습니다. 무슨 일이 있었기에 고래가 이전보다 훨씬 더 커졌을까요?

그 이유는 지구가 점점 더 추워졌기 때문인 것 같습니다. 고래가 엄청나게 커지던 바로 그때 북극 지방 바다에 얼음이 만들어지기 시작했습니다. 또한 거대한 섬 그린란드도 얼음으로 덮였지요. 두께가 무려 3킬로미터나 되었습니다! 게다가 유럽의 많은 산에도 빙하가 생겼습니다. 이따금씩 빙하기가 찾아왔고 유럽의 많은 부분이 그린란드처럼 얼음으로 뒤덮였죠. 또 빙하기가 아닌 때에도 그전보다는 더 추웠습니다.

추운 세상에서 왜 고래가 커졌을까요? 아마 더 많은 먹이를 찾을 수 있었기 때문일 겁니다. 크릴은 차가운 바다에서 잘 살거든요. 고래가 커진 또 다른 이유는 어쩌면 남과 북을 오가며 먼 거리를 이동해야 했기 때문일 겁니다. 몸집이 크면 멀리 헤엄치기가 쉬우니까요. 물론 차가운 물에서 체온을 따뜻하게 유지하는 데에도 도움이 되지요.

거대한 고래

다른 어느 때가 아니라 바로 지금, 지구에 아주 커다란 동물이 살고 있다니 신기한 일입니다. 거대한 대왕고래는 우연히 우리 인간과 같은 시대에 살고 있습니다.

　　우리는 운이 좋습니다. 그러나 대왕고래에게는 그리 운이 좋은 게 아닙니다. 사람들이 대왕고래 사냥하는 법을 배우자 나쁜 일들이 벌어졌거든요. 우리는 이제껏 살았던 모든 동물 가운데 가장 큰 동물인 대왕고래를 거의 다 사라질 위기에 빠뜨렸습니다.

하마터면 멸종할 뻔한 대왕고래

큰 고래가 숨을 쉬기 위해 수면 위로 올라옵니다. 노 젓는 배 앞쪽에 선 남자는 작살 던질 자세를 취합니다. 던진 작살이 고래에 명중하면 작살 맞은 고래는 최고 속도로 배를 끌면서 파도를 건넙니다. 배에 탄 사람들은 날카로운 창으로 고래를 죽이려 하지요.

선원들이 공격한 고래는 향고래입니다. 그들이 가지고 있는 장비로는 거대한 대왕고래는 잡을 수 없습니다.

이건 200년 전 고래잡이 방식입니다. 미국 고래잡이들은 범선을 타고 전 세계를 돌아다녔습니다. 유럽의 몇몇 나라에서도 원정대를 파견했죠. 고래지방, 향고래 이빨, 수염고래 수염 그리고 향고래 머리에 있는 특별한 물질들은 모두 비쌌습니다.

하지만 고래잡이에 범선, 노 젓는 배, 손으로 던지는 작살을 사용하는 동안에는 대왕고래는 대부분 안전했습니다.

대포와 수류탄

약 150년 전부터 대왕고래는 더 이상 안전하지 않습니다. 사람들은 모든 동물 중에서 가장 크고 강한 동물도 잡을 수 있는 장치들을 많이 발명했습니다.

중요한 발명품 몇 가지

- 프로펠러 달린 모터보트: 이 배는 고래에게 쉽게 다가갈 수 있고, 모터(증기 엔진)는 죽은 대왕고래를 육지로 끌고 올 수 있을 만큼 강력합니다.
- 윈치: 배의 엔진으로 작동되는 기중기입니다. 가라앉은 고래를 들어 올릴 수 있습니다.
- 대포로 발사하는 작살포: 작살 앞부분에 날카로운 수류탄이 달려 있습니다. 고래 몸에 들어간 뒤 폭발해서 고래를 죽입니다.

대왕고래를 잡아서 처음으로 부자가 된 사람은 스벤 포윈이라는 사람이었습니다. 그는 노르웨이 남부의 퇸스베르그 출신으로, 해마다 여름이면 선원들과 함께 고래를 잡기 위해 노르웨이 북부 핀마르크의 바랑에르피오르를 향해 떠났습니다. 핀마르크는 노르웨이 최북단 동쪽에 있으며 러시아 국경과 가까운 곳이죠. 고래잡이들은 작은 증기선의 뱃머리에 작살 대포를 놓고 대왕고래와 참고래, 혹등고래 같은 커다란 고래를 잡는 법을 익혔습니다.

스벤 포윈과 그의 동료들이 개발한 방법은 효과적이었습니다. 이 기술은 금방 전 세계 바다로 퍼져 나갔습니다.

육지의 공장

포경선이 죽은 대왕고래를 육지로 끌어옵니다. 고래잡이 우두머리들이 여기에 공장을 세웠거든요. 공장 노동자들은 강력한 기계로 작동하는 칼로 고래 살을 잘라 냅니다. 그런 뒤 아주 커다란 솥에 넣고 끓이지요. 그러면 고래기름을 얻을 수 있습니다. 고래기름은 비누를 만들거나 등불을 밝히는 데 쓸 수 있습니다.

고래기름은 비싼 값에 팔렸습니다. 고래잡이 우두머리 가운데 많은 사람들이 부자가 되었지요. 노동자와 선원이 부자가 되는 일은 드물었지만, 그래도 다른 직업보다는 많이 벌었습니다.

처음부터 이를 걱정하는 사람들이 있었습니다. 증기선과 작살포로 고래를 잡으면 큰 고래들은 멸종하지 않을까, 하고요.

이 모든 일이 시작된 북부 노르웨이 해안에서 대왕고래는 금세 사라졌습니다. 고래잡이들은 아직도 고래가 많이 남아 있는 다른 바다로 갔습니다. 다시 또다시 바다로 갔고, 몇 년 뒤 그들은 거기에도 더 이상 잡을 고래가 없다는 사실을 알게 되었습니다. 고래잡이 우두머리들은 "아마 고래들이 다른 곳으로 도망갔을 거야."라고 말했습니다.

　노르웨이 고래잡이들은 전 세계의 대왕고래와 다른 큰 고래를 잡기 위한 회사를 만들었습니다. 그리고 북아메리카, 남아메리카, 아시아, 오스트레일리아와 아프리카 해안을 따라 여행했습니다. 그들이 대왕고래를 가장 많이 발견한 곳은 남극에서 가까운 곳입니다. 얼음처럼 차가운 남극해가 대왕고래의 가장 큰 서식지였던 거죠. 남극해에서 고래잡이가 시작되었을 때, 거기에는 대략 25만 마리의 대왕고래가 살고 있었습니다.

남극해

드디어 대왕고래가 숨을 쉬러 물 위로 올라왔습니다. 사수가 작살포 방아쇠를 당겼습니다. 빵 하는 큰 소리와 함께 밧줄을 매단 작살이 날아갑니다. 포경선, 그러니까 고래잡이배에 탄 모든 사람들의 눈은 작살을 따라갑니다. 작살이 명중한 것을 보자 흥분합니다.

    포경선의 선원들은 고래를 잡을 때마다 돈을 조금씩 더 받았습니다. 그러면 이 돈을 잘 모았습니다. 어떤 사람들은 집으로 돌아가서 사고 싶었던 물건들, 자동차나 오토바이 같은 걸 살 생각이었죠. 또 어떤 이들은 지구 반대편에 살고 있는 가족을 위해 돈을 모았습니다.

공모선

포경선은 더 이상 죽은 고래를 육지의 공장까지 끌고 올 필요가 없어졌습니다. 거의 100년 전에 배 안에서 수산물을 가공하고 저장할 수 있는 거대한 공모선이 등장하기 시작했거든요. 이제 바다 한가운데 떠 있는 공모선에서 고래를 삶아 기름을 빼냈습니다.

왼쪽에 보이는 공모선은 길이가 170미터나 됩니다. 끝에서 끝까지 어른 대왕고래 여섯 마리를 늘어놓을 수 있는 길이죠.

많은 포경선들이 잡은 고래를 이 공모선으로 끌어왔습니다. 공모선 끝에서는 경사로와 윈치를 이용해 고래를 위쪽에 있는 상부 갑판으로 끌어올렸습니다. 그러면 상부 갑판에서는 고래를 작은 덩어리로 잘라 구멍을 통해 갑판 아래에 있는 공장으로 떨어뜨립니다. 공장은 24시간 쉬지 않고 돌아갔습니다. 공모선에서 선원과 노동자 250여 명이 교대로 자면서 일했거든요.

공모선에서 나온 고래기름은 이전보다 훨씬 더 비싸졌습니다. 새로운 발명 덕분에 음식을 만드는 데도 사용하게 되었거든요. 사람들은 버터와 비슷한 마가린을 구입했는데 고래기름으로 만든 게 많았습니다. 하지만 포장지에는 고래기름에 대해 아무 말도 적혀 있지 않았죠. 고래기름에 대해 이야기하는 것은 좋은 광고가 아니었기 때문입니다. 왜냐하면 고래기름을 역겹게 생각하는 사람들이 많았거든요.

공모선 등장은 대왕고래에게는 재앙이었습니다. 이전에는 기껏해야 죽은 고래를 공장으로 끌고 갈 수 있을 정도로 육지에서 가까운 곳에서나 고래잡이를 할 수 있었습니다. 하지만 이제 고래에게 더 이상 안전한 곳은 남지 않았습니다. 공모선이 등장하고 얼마 지나지 않아 대왕고래가 남극해에서조차 보기 힘들어졌습니다. 곧 고래잡이들은 참고래 같은 다른 고래들을 잡아서 공모선으로 나르기 시작했습니다. 그러자 이 고래들도 점점 줄어들어 보기 힘들어졌습니다.

대왕고래 사냥을 놔둬야 하나요?

여러 나라에서 온 사람들이 한 탁자에 둘러앉았습니다. 국제포경위원회라는 조직의 회의가 열린 것입니다. 이 회의에 참석하기 위해서 지구 반대편에서 먼 길을 온 사람도 있습니다. 이들은 함께 포경, 즉 고래잡이에 대한 규칙을 새로 만들려고 합니다.

"대왕고래 사냥을 모든 곳에서 금지해야 합니다." 한 사람이 말했습니다. 통역사들은 이 말을 러시아어, 일본어, 그리고 다른 언어로 통역하여 회의에 참석한 모든 사람들이 이해할 수 있도록 했습니다.

"이제 겨우 몇 마리밖에 남지 않았습니다." 다른 사람이 말했습니다. "대왕고래가 진짜로 멸종할 위험에 있습니다."

회의에 참석한 모든 사람이 이 말에 동의하지는 않았습니다.

일본 대표는 아직 일부 지역에 대왕고래가 아주 많기 때문에 몇 마리 더 잡는다고 멸종하지는 않을 거라고 생각했습니다. 그들은 원하는 것을 얻었습니다.

해마다 회의는 이런 식이었습니다. 나라들마다 고래잡이에 대한 규칙에 대해 항상 의견이 달랐습니다. 1966년에야 비로소 대왕고래 사냥을 완전히 금지하는 데 합의했습니다. 그때까지 60년 이상 고래잡이가 이어져 남극해에 겨우 수백 마리의 대왕고래만 남았을 때의 일입니다. 미래에도 대왕고래가 남아 있을 거라고 그 누구도 생각하지 못할 때였지요. 비록 지금은 그 수가 조금 더 늘어났지만 여전히 남극해 대왕고래는 멸종 위기입니다.

북대서양 대왕고래 보호에 대한 합의는 운 좋게도 조금 쉬웠습니다. 유럽에서 가까운 북대서양에 살고 있는 대왕고래 사냥은 몇 년 일찍 금지되었습니다.

이제는 혼자서

우리가 앞에서 만났던 새끼 대왕고래가 커졌습니다. 새끼는 반년 이상 젖을 먹으면서 아주 빨리 자랐습니다. 이제 16미터나 됩니다.

여름이 되자 새끼 대왕고래는 어미와 함께 북쪽 스발바르 근처 바다까지 헤엄쳐 왔습니다. 이곳에는 남쪽에서는 만나지 못한 바다 생물들이 있습니다. 가장 인상적인 동물은 바다코끼리입니다. 물개처럼 생겼는데 코끼리처럼 커다란 엄니가 있는 동물이죠.

새끼 대왕고래는 여전히 호기심이 많습니다. 어미에게서 점점 더 멀리 떨어져서 헤엄치고 새롭고 흥미로운 것들은 뭐든지 탐색합니다.

헤어져 혼자 길을 가다

어느 날 대왕고래 새끼와 어미는 서로 다른 길을 갑니다. 어린 고래는 더 이상 젖이 필요 없고 스스로 자신을 돌볼 준비를 마쳤습니다.

어린 대왕고래 뒤쪽 바다가 붉게 물듭니다. 하지만 걱정하지 마세요. 피가 아니랍니다! 붉은색은 좋은 징조입니다. 크릴을 먹은 대왕고래 똥은 붉은색을 띠거든요. 그러니까 이제 어린 고래가 혼자서 먹이 사냥하는 법을 익혔다는 뜻입니다.

아야!

어린 대왕고래가 전속력으로 헤엄을 치고 있었습니다. 그런데 갑자기 꼬리에 통증이 느껴집니다. 아야! 뭔가에 얽혔습니다. 바다에 떠다니는 밧줄입니다.

　　　어느 고기잡이배가 잃어버리고 간 것이지요. 밧줄이 대왕고래 꼬리에 완전히 얽혔습니다. 어린 대왕고래는 겁에 질려 꼬리를 마구 휘젓지만 밧줄은 풀리지 않습니다.

자유!

다행히 밧줄이 떨어지고 어린 대왕고래는 다시 자유롭게 헤엄칠 수 있습니다. 하지만 언제나 이렇게 운이 좋은 건 아닙니다. 어선이 잃어버린 고기잡이 장비나 사람들이 바다에 잃어버린 물건들과 엉키면 고래에게 큰 문제가 생길 수 있습니다. 단단한 밧줄은 고래의 피부를 베어 부상을 입힙니다. 최악의 경우에는 숨 쉬러 물 위로 올라오지 못해서 숨이 막혀 죽을 수도 있죠.

바다에 떠다니는 쓰레기 더미에 갇히는 것도 어린 대왕고래가 조심해야 하는 여러 위험 가운데 하나입니다. 가장 위험한 것은 배입니다. 크고 빠른 배와 충돌하면 완전히 자란 대왕고래도 죽을 수 있으니까요.

이런 문제만 피할 수 있다면 어린 대왕고래도 바다에서 오래오래 살 수 있을 겁니다. 대왕고래는 거의 사람만큼 오래 삽니다. 어쩌면 더 오래 살지도 모릅니다. 대왕고래가 얼마나 살 수 있는지 아직 정확하게는 알아내지 못했거든요.

그런데 어린 대왕고래가 사는 동안 새로운 문제가 생길 수도 있습니다. 지구가 점점 더워지고 있으니까요. 자동차, 비행기, 공장 그리고 발전소 같은 것들 때문이죠.

이런 것들이 대왕고래에게 어떤 영향을 미칠지는 아무도 모릅니다. 아마 대왕고래들은 크릴을 찾기 위해 익숙한 곳이 아닌 다른 곳으로 헤엄쳐야 할 것입니다. 바다가 더워지면 크릴은 줄어들 테고, 만약 그렇게 된다면 대왕고래에게는 아주 나쁜 소식이죠. 하지만 어린 대왕고래는 이런 걱정을 하지 않습니다. 기후 변화에 대해 아무것도 모르니까요. 지금 당장은 뭔가 신나는 걸 생각해야 합니다. 어른 대왕고래의 우렁찬 울음소리, 물 뿜는 소리, 거대한 몸뚱이가 만든 파도 소리 같은 게 들리거든요.

헤엄 경주

이 시끄러운 소리는 헤엄 경주를 벌이고 있는 어른 대왕고래 두 마리가 내는 소리였습니다. 두 마리는 최고 속력으로 물 위로 뛰어올랐다가 다시 물에 떨어지면서 커다란 파도를 만들고 있습니다. 마치 서로를 길에서 밀어내려는 것처럼 서로 밀치는 모습이 보입니다.

소란을 피우는 두 마리는 모두 수컷입니다. 두 마리 모두 같은 암컷에게 잘 보이려고 애쓰고 있는 중이죠. 암컷은 두 수컷의 행동에 관심을 보이면서 둘을 따라갑니다.

암컷은 두 수컷 가운데 한 마리를 선택해서 몇 주 동안 함께 헤엄칠 겁니다. 수컷과 암컷 고래가 함께 헤엄칠 때는 보통 함께 잠수하거나 차례대로 잠수해서 다시 물 위로 올라옵니다. 여전히 가까이 붙은 채로요. 아마도 암컷 고래는 함께 헤엄치던 수컷과 짝짓기를 할 겁니다. 짝짓기는 늦가을과 겨울을 앞두고 일어납니다. 하지만 대왕고래를 연구하는 과학자들은 아직 짝짓기를 한 번도 보지 못했습니다. 사람이 거의 없는 먼바다에서 하는 일이기 때문일 겁니다.

짝짓기 철이 끝난 어느 겨울날, 암컷과 수컷은 헤어집니다. 어차피 아비 고래는 새끼를 돌보지 않거든요. 대왕고래 어미는 새끼가 태어날 때까지 거의 1년 동안 임신해 있습니다.

어린 대왕고래는 아비가 누군지 모릅니다. 또 그 자신도 아직 아비가 될 준비가 되지 않았죠. 그런 일은 앞으로 8년에서 10년 사이에 일어날 것입니다. 그때까지 위험을 피하고 먹이를 충분히 먹으면서 더 크게 자라는 일이 중요하지요.

남쪽으로

가을이 왔습니다. 어린 대왕고래는 차가운 바다를 떠나고 있습니다. 남쪽으로 헤엄쳐 가면서 먹이를 얻기 위해 잠수할 때마다 꼬리를 하늘로 높이 치켜듭니다. 마치 물 위에 있는 우리에게 손을 흔드는 것처럼 말이죠.

대왕고래에 관한 모든 것

고래 세계기록? 대왕고래 vs 나머지

거대한 대왕고래는 많은 기록을 보유하고 있습니다. 그러나 이게 전부는 아닙니다!

V 지금 살고 있는 가장 큰 동물

대왕고래는 현재 지구에 살고 있는 동물 가운데 가장 큽니다. 무게도 가장 많이 나가고 몸집도 가장 크죠. 지금까지 발견된 대왕고래 중 가장 큰 놈은 무게가 190톤(그러니까 19만 킬로그램)이나 될 것으로 보입니다. 하지만 어른 대왕고래 몸무게는 보통 50톤에서 150톤 사이입니다. 암컷은 수컷보다 더 크고 길게 자랍니다.

V 지구 역사상 가장 큰 동물

무게와 몸집을 기준으로 볼 때 대왕고래보다 더 컸다고 확실히 말할 수 있는 동물은 지금까지 없었습니다. 하지만 새로운 고래 화석이 발견된다면, 대왕고래보다 큰 고래 조상이 나올 수 있습니다.

X 지금 살고 있는 가장 긴 동물

지금 살아 있는 가장 긴 동물은 긴끈벌레일 겁니다. 바다에 사는 벌레로 두께가 5밀리미터밖에 되지 않습니다. 1864년 스코틀랜드에서 발견된 긴끈벌레는 길이가 55미터였다고 합니다. 거대한 해파리 중에는 촉수가 이것보다 더 긴 것도 있습니다.

V 지금 살고 있는 가장 긴 척추동물

대왕고래는 오늘날 살고 있는 가장 긴 척추동물입니다. 척추동물이란 척추(등뼈)와 두개골이 있는 동물을 말하죠. 지금까지 측정된 가장 긴 대왕고래는 길이가 약 33미터였습니다. 조금 더 짧거나 길게 말하는 사람들도 있습니다. 그러나 한 가지만은 분명합니다. 30미터 이상 긴 대왕고래들은 모두 적도 남쪽에 살았다는 사실입니다. 적도 북쪽에서 가장 큰 대왕고래는 길이가 28미터였습니다.

X 역사상 가장 긴 동물

공룡 아르겐티노사우루스는 가장 긴 대왕고래보다 약간 더 길었을 겁니다. 아르겐티노사우루스의 전체 골격이 없기 때문에 실제 길이가 얼마나 되는지 아무도 모릅니다. 아무튼 이 거대한 초식 공룡은 목과 꼬리가 가늘고 길었습니다. 길이 대부분을 목과 꼬리가 차지하기 때문에 가장 큰 대왕고래보다는 훨씬 가벼웠지요.

X 가장 큰 두뇌

향고래의 뇌는 모든 동물 가운데 가장 큽니다. 약 8킬로그램이죠. 대왕고래의 뇌는 그보다 훨씬 작은 약 3.5킬로그램입니다. 이것은 대략 사람의 뇌(1.3킬로그램)보다는 크지만 코끼리(5킬로그램)와 혹등고래(6킬로그램)보다는 작은 크기입니다.

V 가장 큰 심장

모든 동물 가운데 대왕고래 심장이 가장 큽니다. 2015년 캐나다 해변에서 죽은 채 발견된 대왕고래의 심장은 무게가 300킬로그램이나 되었습니다. 현재 캐나다 온타리오 왕립 박물관에 전시되어 있습니다.

X 가장 오래 사는 동물

북극고래는 가장 오래 사는 고래 종이며 가장 오래 사는 포유류이기도 합니다. 거대한 수염고래인 북극고래는 200살까지 살 수 있습니다. 사람보다 두 배 이상 살 수 있다는 뜻이죠. 대왕고래는 북극고래만큼 오래 살지는 못하지만 적어도 80~90년, 혹은 그보다 조금 더 살 수 있을 겁니다. 만약 그렇다면 사람만큼 오래 사는 것이죠. 포유류보다 더 오래 사는 동물도 있습니다. 큰 그린란드 상어는 400살까지 살 수 있습니다.

V 가장 큰 새끼

모든 동물 가운데 대왕고래 새끼가 가장 큽니다. 갓 태어난 대왕고래 새끼는 길이가 6~7미터이고 무게는 2~3톤(그러니까 2,000~3,000킬로그램)입니다. 참고래 새끼가 바로 그 다음으로 큽니다. 참고래 새끼는 태어날 때 대왕고래 새끼만큼 길지만 무게는 절반밖에 안 되죠.

X 가장 깊이 잠수하기

우리가 아는 한 모든 고래, 모든 포유류 가운데 민부리고래보다 깊이 잠수하는 동물은 없습니다. 최소한 2,992미터까지 잠수할 수 있죠. 왜! 거의 3킬로미터입니다. 과학자들은 이걸 어떻게 알았을까요? 고래 몸에 측정 장치를 달아서 알아냈답니다. 대왕고래는 약 300미터까지 잠수합니다.

X 가장 오래 숨 참기

모든 포유류 가운데 민부리고래가 물속에서 가장 오래 머물 수 있습니다. 2시간 넘게 숨을 참습니다. 최고 기록은 137분입니다.

대왕고래가 궁금해?

대왕고래는 얼마나 큰가요?

대왕고래 꼬리지느러미는 너비가 8미터입니다. 어른 축구장 골대보다 조금 더 넓죠. 머리부터 발끝까지 길이는 27미터로, 어른 남자 15명이 고래와 나란히 누워도 모자라죠. 대왕고래 몸무게는 어른 남자 15명을 모두 합친 것보다 훨씬 무겁습니다.

무게가 100톤인 어른 대왕고래는

- 사람 어른 1,500명 이상
- 지금 땅에서 살고 있는 가장 큰 동물인 수컷 아프리카 코끼리 20마리
- 200명 이상의 승객을 태울 수 있는 여객기

만큼 큽니다. 물론 가장 큰 배와 가장 큰 비행기는 대왕고래보다 훨씬 크지요.

대왕고래는 똑똑한 동물인가요?

대왕고래가 무엇을 이해하는지에 대해서 잘 아는 사람은 없습니다. 아마 특별히 똑똑한 동물은 아닐 겁니다. 두뇌가 우리보다 큰 건 사실이지만 몸집에 비하면 작거든요. 아주 똑똑한 동물들은 대체로 몸집에 비해 뇌가 큽니다. 예를 들어 돌고래와 범고래 같은 이빨고래는 몸집에 비해 뇌가 매우 크죠. 이빨고래들이 새로운 것을 잘 배우는 똑똑한 동물이라는 사실은 잘 알고 있지요?

대왕고래는 어떻게 새끼를 만드나요?

다른 젖먹이동물처럼 대왕고래도 암컷과 수컷이 짝짓기를 합니다. 암컷과 수컷은 비슷하게 생겼습니다. 생식기는 몸 아래쪽에 있는데 틈처럼 보입니다. 수컷이 짝짓기를 하고 싶어질 때에만 음경이 몸 바깥으로 나오는데 길이가 2미터가 넘지요. 어떤 과학자도 대왕고래가 짝짓기 하는 장면을 보지 못했어요. 하지만 늦가을과 겨울이 시작할 무렵이라는 사실은 알고 있죠. 암컷의 임신 기간은 약 1년입니다.

대왕고래는 전 세계를 돌아다니나요?

이것은 아마 알려고 하면 알 수 있을 겁니다. 과학자들은 위성 추적 장치 등을 통해 대왕고래의 이동 경로를 일부 알아냈습니다. 개체군에 따라 차이가 있지만, 대왕고래는 약 6,400킬로미터 가량(4000마일) 이동하는 개체들이 있습니다. 대부분의 대왕고래는 친척이 사는 바다에 붙어삽니다. 예를 들어 우리가 이 책에서 만난 대왕고래 어미와 새끼는 북대서양, 즉 적도 북쪽의 대서양에 사는 대왕고래에 속합니다. 이들은 멀리 돌아다니지만 일반적으로 적도 남쪽이나 태평양과 같은 다른 바다로 여행하지는 않습니다.

대왕고래가 아직도 궁금해?

고래수염이 뭐예요?

수염이라고 해서 사람 얼굴에 난 수염을 생각하면 안 됩니다. 사람에게 이빨이 나오는 것처럼 고래 위턱에 촘촘하게 나 있는 긴 삼각형 판을 고래수염이라고 합니다. 꽤 뻣뻣하지만 긴 손톱 구부리듯이 구부릴 수 있습니다. 고래수염은 손톱과 머리카락과 같은 물질로 만들어지거든요.

고래수염 옆면은 안쪽에 있는 혀를 향하는데 끝에는 굵은 털 같은 게 달려 있습니다. 여러 판의 털들이 서로 엉켜서 채 모양이 되어 먹이를 거르죠. 대왕고래가 바닷물과 함께 크릴을 한입 꿀꺽 들이키고 고래수염을 통해 물을 다시 뱉어 낼 때 먹이가 이 체에 걸리는 거죠.

대왕고래의 고래수염은 검은색이며 각 판의 길이는 약 1미터입니다. 다른 수염고래의 고래수염은 더 밝은 색입니다.

대왕고래의 고래수염은 몇 개인가요?

입 양쪽에 약 300개씩, 모두 600개 정도입니다.

내가 대왕고래의 입에 들어갈 수 있을까요?

예. 친구들도 많이 데려갈 수 있습니다. 하지만 식도가 작아서 목 너머로 삼켜지지는 않을 겁니다.

대왕고래에게 잡아먹힐 수 있나요?

아뇨. 대왕고래는 크릴 같은 작은 바다 생물만 먹습니다. 하지만 대왕고래가 크릴 무리를 삼키려고 할 때 그 속으로 헤엄쳐 들어가는 것은 결코 현명한 행동이 아니죠.

대왕고래도 혀가 있나요?

예. 대왕고래의 혀는 코끼리만큼이나 무겁습니다. 대왕고래 몸 전체에서 가장 희한한 부분이죠. 혀가 뒤집히거든요. 그것도 위아래가 아니라 안팎으로요. 엄청난 양의 바닷물과 함께 크릴 떼를 들이마실 때는 뒤집어지는 혀가 몸 아래쪽의 주머니 안쪽이 됩니다. 그 다음에는 혀가 뒤집히면서 바닷물을 내뱉는데 이때 고래수염이 먹이를 거르죠. 바닷물이 걸러진 다음에야 대왕고래는 먹이를 삼킵니다.

대왕고래는 크릴을 얼마나 먹나요?

아무도 정확히 모릅니다. 어떤 고래 과학자가 계산해 봤더니 하루에 크릴을 4톤, 그러니까 4,000킬로그램 먹는다고 합니다. 몇 마리나 되는지는 말할 수 없어요. 왜냐하면 크릴도 종류에 따라 크기가 다 다르니까요. 하지만 하루에 대략 4,000만 마리 정도 먹는다고는 말할 수 있을 것 같습니다.

모든 수염고래가 대왕고래처럼 먹나요?

아닙니다. 물론 모든 수염고래가 고래수염을 체로 사용하기는 합니다. 하지만 몸 아래쪽에 큰 주머니가 있는 수염고래는 일부뿐입니다. 수염고래는 네 가지 과로 나뉩니다. 수염고래과, 긴수염고래과, 귀신고래과, 꼬마긴수염고래과. 이 가운데 대왕고래와 참고래는 수염고래과입니다. 머리와 배 아래쪽에 줄무늬가 있는 고래들이죠.

긴수염고래과는 주머니가 없습니다. 이들은 먹이를 먹을 때 입을 반쯤 벌린 채 아주 천천히 헤엄칩니다. 앞쪽에 있는 고래수염판 구멍을 통해 물이 들어오고 뒤쪽에 있는 고래수염판들을 통해 차례로 걸러지죠. 이런 식으로 아무리 천천히 헤엄쳐도 탈출하지 못하는 작은 동물들을 잡습니다.

그래도 대왕고래가 궁금한 게 남았어?

오늘날 세상에는 대왕고래가 몇 마리나 살고 있나요?

아무도 확실히 모릅니다. 적으면 1만 마리, 많으면 2만 5,000마리 정도로 봅니다.

인간이 사냥을 시작하기 전에 대왕고래는 몇 마리였나요?

남극해에만 약 25만마리는 있었을 겁니다. 대왕고래는 대부분 남극해에서 발견되죠. 물론 다른 곳에도 수천 마리의 대왕고래가 살았습니다.

대왕고래가 멸종 위기에 처해 있나요?

대왕고래는 심각한 멸종 위기 동물로 지정되었습니다. 하지만 요즘은 다행히 바다에 사는 대왕고래가 줄지 않고 늘고 있습니다. 그래서 금방 대왕고래가 멸종할 것 같지는 않습니다. 하지만 고래잡이가 시작되기 전보다는 여전히 훨씬 적은 수죠. 그렇기 때문에 위기가 끝난 것은 아닙니다.

대왕고래보다 희귀한 고래가 있나요?

예. 북대서양긴수염고래는 극히 드뭅니다. 긴수염고래과에 속하는 수염고래인데 북대서양에만 살죠. 오늘날 세계에는 고작 300마리만 남아 있어 멸종 위기입니다. 고래잡이로 수가 줄었죠. 오래전부터 사냥이 금지되었지만 요즘도 배에 부딪히거나 고기잡이 그물에 걸려서 죽고 있습니다. 북대서양긴수염고래는 유럽 해안에서도 발견되곤 했습니다. 하지만 요즘은 거의 없습니다. 남아 있는 북대서양긴수염고래는 유럽 반대쪽인 캐나다와 미국 동쪽 해안에만 살고 있습니다.

요즘도 대왕고래를 사냥하는 사람이 있나요?

아뇨. 사냥해도 되는 고래가 조금 있기는 하지만 대왕고래는 잡을 수 없습니다.

대왕고래를 먹는 야생 동물이 있나요?

적어도 시도해 본 동물이 있기는 합니다. 범고래는 검고 하얀 피부가 멋진 커다란 이빨고래입니다. 떼로 몰려다니면서 사냥을 하죠. 범고래는 물고기, 물개 그리고 고래를 먹습니다. 범고래 이빨 자국이 남은 대왕고래가 세계 곳곳에서 발견되었습니다. 약 30마리의 범고래 떼가 새끼 대왕고래를 공격해서 큰 부상을 입히는 장면을 과학자가 목격한 적도 있습니다.

푸른고래라는 이름은 누가 지었나요?

서양에서는 대왕고래를 푸른고래라고 합니다. 이 이름을 누가 지었는지는 모릅니다. 하지만 이 이름을 처음 기록한 사람은 노르웨이 고래잡이 스벤 포윈입니다. 그는 고래잡이를 나가면 일기를 썼습니다. 작살포로 고래를 잡으려 했다는 이야기도 일기에 나오죠. 그는 1868년 일기에 푸른고래를 잡았다고 썼습니다. 피부가 실제로는 회색이지만 물속에 있을 때는 푸른색으로 보일 때도 있어서 붙인 이름 같습니다. 그러니까 푸른고래라는 이름은 노르웨이어에서 왔습니다. 오늘날 이 이름은 영어와 노르웨이어뿐만 아니라 다른 많은 언어에서도 사용됩니다. (대한민국에서는 한때 흰긴수염고래 또는 청고래라고 불렸지만 요즘 과학자들은 대왕고래라고 부릅니다. 덩치가 가장 큰 동물이니까요. – 옮긴이)

우리의 친척 대왕고래

우리는 고래와 친척입니다. 이상하게 들리지만 사실입니다.

부모님의 부모님의 부모님의 부모님을 차례대로 찾아가다 천 번째 조상까지 멀리 올라가면 유인원이나 다른 종류의 동물을 만나게 됩니다. 유인원보다 더 올라가고 네 발 달린 고래보다도 더 멀리 몇 백만 번째 조상까지 올라가면 우리와 모든 고래의 공통 조상을 만나게 됩니다. 그들이 정확히 어떻게 생겼는지는 모르지만 네 발로 걷고, 몸에 털이 났고, 젖을 먹고 살았습니다. 그들은 포유류, 즉 젖먹이동물이었습니다.

네 발 달린 포유류 중 일부는 시간이 지남에 따라 유인원이 되었습니다. 유인원에게 앞다리는 손이 되었습니다. 손은 나무를 탈 때 쓸모가 있었지요. 유인원 가운데 일부는 사람이 되었습니다. 사람은 나무에는 잘 오르지 않지만 손으로 물건을 아주 잘 만듭니다. 네 발 달린 포유류 가운데 어떤 것은 고래가 되었습니다. 고래는 팔과 다리가 모두 없습니다. 물속에서는 지느러미가 있어야 헤엄치기 좋으니까요.

여전히 대부분의 포유류들은 네 발 달린 동물입니다. 하지만 이들은 서로 꽤 다르게 생겼습니다. 동물마다 생활 방식이 다르고 거기에 적합한 몸이 있기 마련이니까요.

동물들은 자신의 생활 방식에 쓸모 있는 몸을 가지고 있습니다. 이걸 적응이라고 합니다. 잘 적응한 동물이 자연에서 잘 살아남습니다. 유용한 신체를 가지고 있을 때, 그것이 생활 방식에 매우 적합하기 때문에 적응이라고 합니다. 가장 잘 적응한 동물은 자연에서 살아남을 가능성이 가장 높고 새끼도 가장 많습니다. 자식은 부모를 닮습니다. 이런 식으로 잘 적응한 몸은 더욱더 흔해지고 동물들은 조금씩 변합니다.

생물이 조금씩 변하는 것을 진화라고 합니다. 가장 잘 적응한 생물이 살아남는다는 것을 자연선택이라고 하지요. 자연선택과 돌연변이를 통한 진화가 고래를 바다 포유류로 만들었습니다.

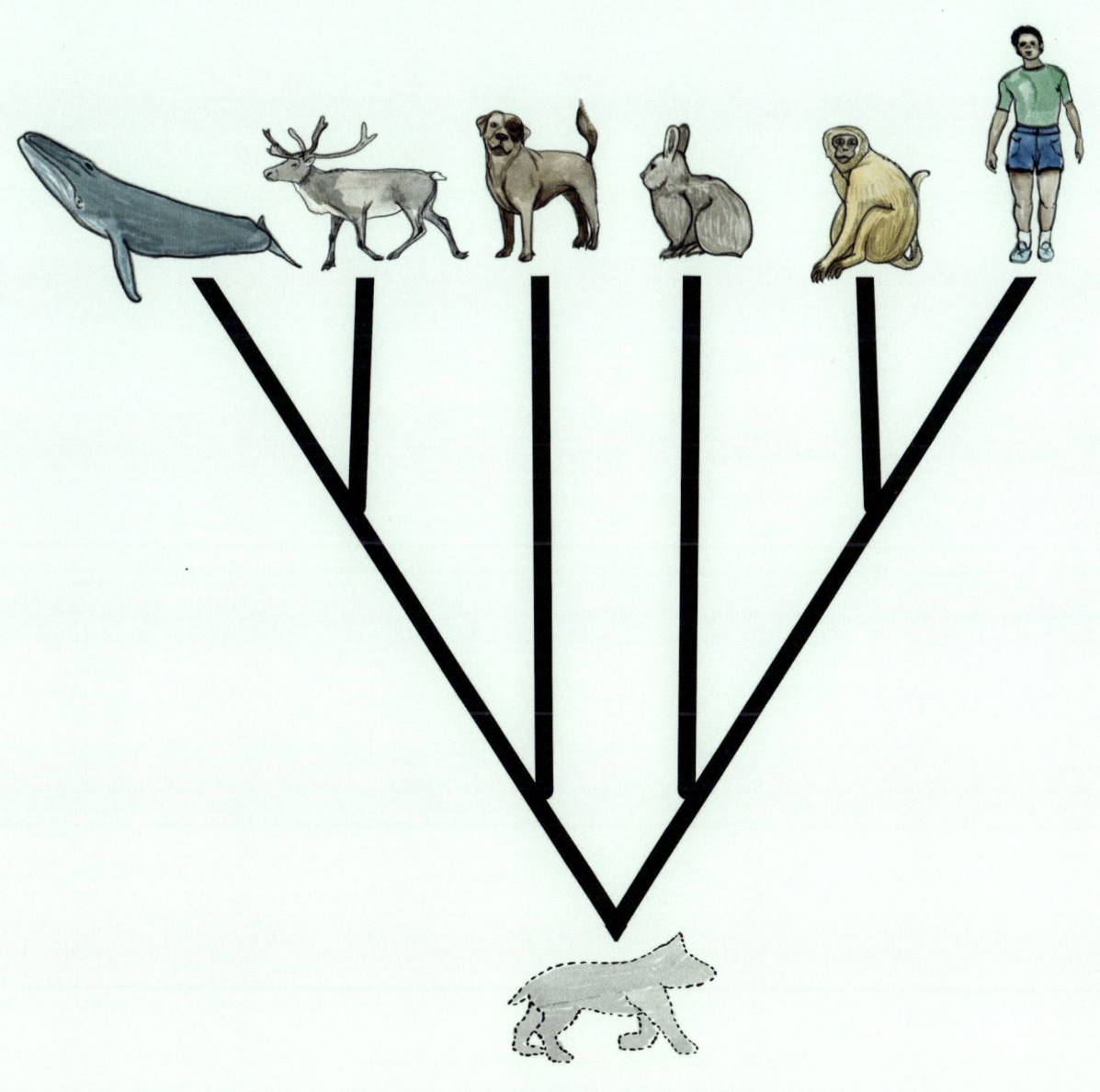

계통도. 각각의 동물들이 각각 하나의 가지를 차지합니다.

어디?

책에 나온 곳을 지도에서 찾아보세요.

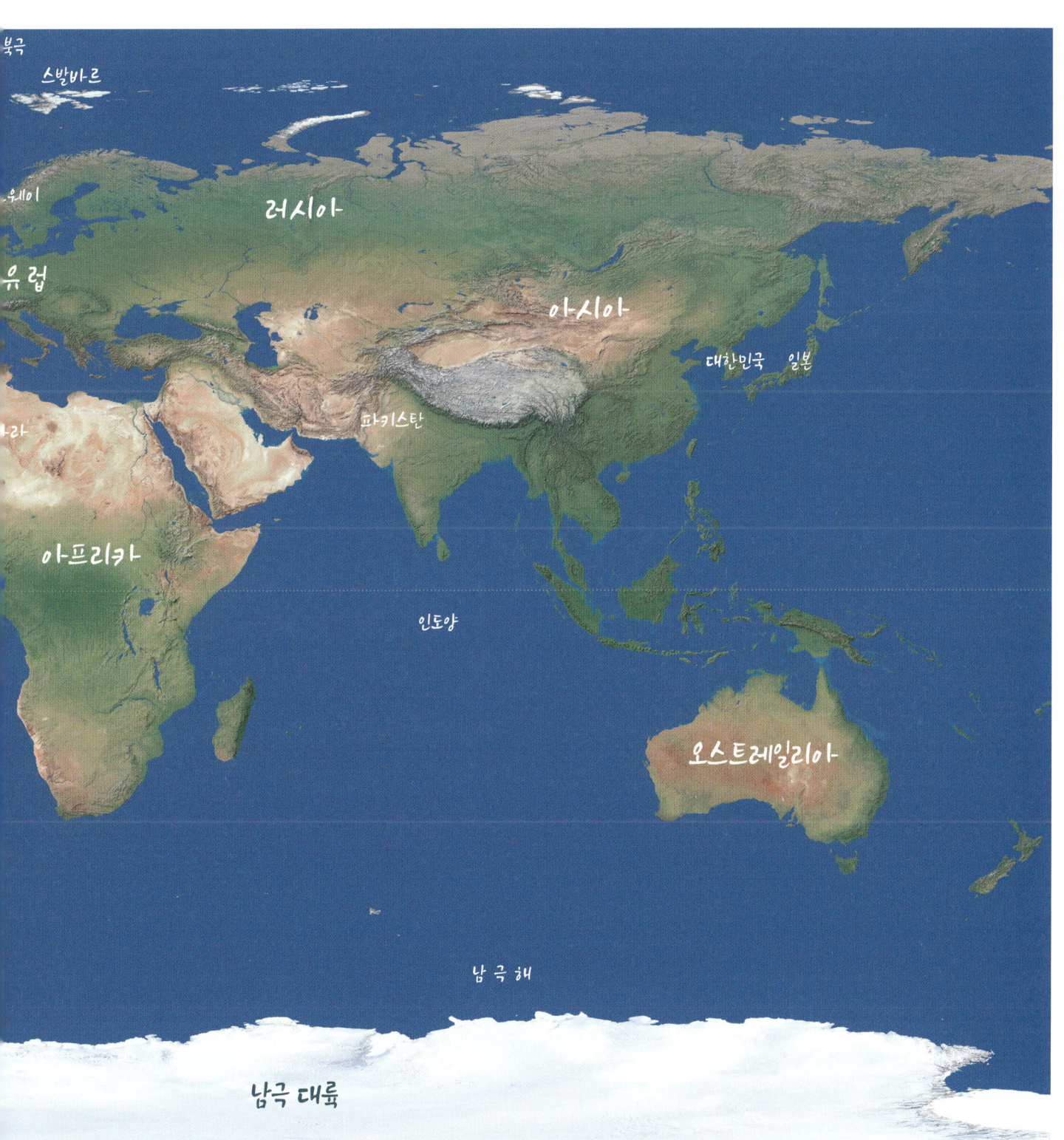

이 책에 실린 내용은 모두 사실인가요?

이 책은 이야기책이 아니므로 모든 정보는 사실이어야 합니다. 정보를 담은 책이니까 그림도 사실적이지요. 이 책을 쓰고 그림을 그린 우리 두 사람은 고래 과학자는 아니지만, 많은 책을 읽고 영화, 그림, 사진을 많이 보고 과학자들이 알고 있는 사실을 최대한 확인했습니다. 그리고 전문가들이 우리 글과 그림을 보고 혹시 틀린 게 없는지 감수도 했습니다.

그러나 과학자들도 고래에 대해 모르는 것이 여전히 많습니다. 따라서 과학자들이 더 많은 것을 새로 알게 되면 이 책에 나오는 정보 가운데 어떤 것은 잘못된 것으로 밝혀질 겁니다. 예를 들어 고래가 오늘날 우리가 알고 있는 것보다 훨씬 더 깊이 잠수하거나 더 오래 숨을 참을 수 있다는 것을 발견하면 고래 기록 중 몇 개가 깨질 수 있겠지요.

대왕고래 새끼와 어미에 관한 이야기는 대왕고래가 어떻게 사는지 보여 주는 하나의 예입니다. 물론 두 고래 이야기는 이 책을 쓴 내가 만들어 낸 겁니다. 하지만 과학자들이 알고 있는 대왕고래에 대한 지식과 최대한 가깝게 이야기를 지으려고 노력했습니다. 하지만 아직도 대왕고래가 북대서양에서 어떻게 이동하는지 완전히 아는 사람은 없습니다. 따라서 이 책에 쓴 것처럼 대왕고래 어미와 새끼가 아조레스 제도를 지나 스발바르까지 이동하는 게 일반적인지는 확실하지 않습니다. 하지만 두 곳에서 모두 대왕고래를 볼 수 있으며, 봄에는 극지방으로 이동하고 가을에는 따뜻한 바다로 이동한다는 것은 사실입니다.

이야기 속에서 사람들이 한 말은 지어낸 게 아닙니다. 내가 아조레스 제도에서 고래 과학자들과 함께 배에 탔을 때 과학자들이 실제로 한 말을 듣고 26~28쪽에 썼습니다. (하지만 안타깝게도 나는 어미만 보고 새끼는 보지 못했습니다.) 39쪽에는 경험 많은 과학자가 새내기 과학자에게 "조심해!"라고 말했다고 썼는데, 이건 실제로 들은 말이 아닙니다. 하지만 과학자 세계에서는 흔하게 일어나는 일이죠. 대왕고래 사냥을 허락할지 토론한 회의는 내가 태어나기 전에 있었던 일입니다. 하지만 그 회의에서 나온 말들은 모두 기록되어 있기 때문에 책에 쓸 수 있었습니다. 나는 어른들을 위한 책도 썼는데 그 책에는 이 이야기가 더 자세히 나옵니다.

화석과 멸종한 고래 이야기에서 말했듯이 멸종한 동물이 살아 있는 모습을 그리려면 추측을 해야 합니다. 노 젓는 배에서 향고래를 사냥하는 그림은 사진과 영화가 나오기 훨씬 전의 일을 그린 거예요. 오래된 그림에서 영감을 받아 그렸는데 실제보다 훨씬 근사할 수 있습니다. 또 향고래가 물 위로 올라올 때 얼마나 많은 부분이 보일지에 대해서는 상상력이 필요했을 겁니다.

| 감사의 말 |

이 책에 도움을 준 모든 분들에게 감사합니다. 몇 분은 특별히 이름을 밝히고 싶습니다. 노르웨이 해양연구소의 고래 전문가 닐스 외인 박사는 책이 완성되기 전에 먼저 읽고 책을 발전시킬 좋은 제안을 해 주셨습니다. 오슬로 자연사박물관에서 화석을 연구하는 고생물학자 레네 리베 델세 박사는 멸종한 고래에 관한 글과 그림에 큰 도움을 주었습니다. 작가 힐데 하게루프와 안네 스베르드루프-튀게손도 원고를 읽고 좋은 제안을 많이 해 주었습니다.

끝으로 캐나다 밍건 군도 고래류 연구소(MICS)의 해양생물학자 리처드 시어스 박사와 그 동료들 그리고 후사비크에 있는 아이슬란드 대학 연구센터 마리안느 헬레네 라스무센 소장님께 감사합니다. 몇 년 전 아조레스 제도와 아이슬란드로 대왕고래를 보기 위해 여행했을 때 고래와 바다에 대해서 많은 것을 가르쳐 준 분들입니다.